EMG3-0196
合唱楽譜<スタンダード>
STANDARD
CHORUS PIECE

合唱で歌いたい！ スタンダードコーラスピース

混声3部合唱

この地球のどこかで

作詞：三浦恵子　作曲：若松 歓

●●● 曲目解説 ●●●

若松歓先生の、切ないメロディーから優しいメロディーへと展開していく魅力的な音楽が存分に味わえる楽曲です。小中学校で人気の合唱曲ですが、大人が歌えばまたひとつ情緒豊かな世界が広がった深い音楽となることでしょう。

【この楽譜は、旧商品『この地球のどこかで〔混声3部合唱〕』（品番：EME-C3080）と内容に変更はありません。】

ELEVATO
MUSIC ENTERTAINMENT

この地球のどこかで

作詞:三浦恵子　作曲:若松 歓

B
15
mf
みんなー すこし ずつー おとなに ーかわってーゆくけどー
Uh
Uh
19
あのひーかたっ たゆめはー いつまでもー いろあせるー ことはない
あのひーかたっ たゆめはー いつまでもー いろあせるー ことはない
あのひーかたっ たゆめはー いつまでもー いろあせるー ことはない
23
C
f
あるいてゆくみちはー
あるいてゆくみちはー ー
あるいてゆくみちはー

27
mf
f
きっとち が う け れ ど ー
お な じ そ ら
み あ げ て い るから ー
み あ げ て い るはず ー
こ
31
to
の ちきゅー う の ど こ かで ー
p
35
D
mp
Uh
mf
まだー みみの
Red.

39
Uh
Uh
Uh
Uh
おくにー　あのひのーうたー　ひびいてるー　ともにーながし
43
mf
どこまでもー　うそのないー　ゆうきだねー
mf
どこまでもー　うそのないー　ゆうきだねー
たなみだー　どこまでもー　うそのないー　ゆうきだねー
47
D.S.
Coda
E
f
あるいてゆくみちはー
f
あるいてゆくみちはーみちは
f
あるいてゆくみちはーみちは
f

51
mf
3
f
きっとちがうけれどー　おなじそらみあげているからーこ
きっとちがうけれどーちがうけれどそらみあげているからーこ
きっとちがうけれどーちがうけれどそらみあげているからーこ
55
のちきゅーうのどこかでー
のちきゅーうのどこかでー
のちきゅーうのどこかでー
ff
59
rit.
8va
pp
Ped.

MEMO

この地球のどこかで

作詞：三浦恵子

ほら昨日《きのう》までの
ふり続いた雨も上がり
頬《ほほ》に夜明けの風を受けている

みんな少しずつ
大人《おとな》に変わって行《ゆ》くけど
あの日語った夢は
いつまでも色あせることはない

歩いて行《ゆ》く道は
きっと違うけれど
同じ空見上げているから
この地球のどこかで

まだ耳の奥に
あの日の歌ひびいて[い]る
（共に流した涙）
どこまでも嘘《うそ》のない勇気だね

歩いて行《ゆ》く道は
きっと違うけれど
同じ空見上げているはず
この地球のどこかで

歩いて行《ゆ》く道は
きっと違うけれど
同じ空見上げているから
この地球のどこかで

※[ ]の部分は作曲に際し省略されています。

ELEVATO
MUSIC ENTERTAINMENT

MEMO

MEMO

ELEVATO
MUSIC ENTERTAINMENT

ご注文について

エレヴァートミュージックエンターテイメントの商品は全国の楽器店、ならびに書店にてお求めになれますが、店頭でのご購入が困難な場合、当社PC&モバイルサイト・電話からのご注文で、直接ご購入が可能です。

◎当社PCサイトでのご注文方法

http://elevato-music.com

上記のアドレスへアクセスし、WEBショップにてご注文ください。

◎お電話でのご注文方法

TEL.0120-713-771

営業時間内に電話いただければ、電話にてご注文を承ります。

◎モバイルサイトでのご注文方法

右のQRコードを読み取ってアクセスいただくか、
URLを直接ご入力ください。